364

AF827867

Merve Verlag

Cornelia Vismann

Das Schöne am Recht

Erweitert um die Trauerreden von Friedrich Kittler und von Werner Hamacher

Merve Verlag Berlin

Originalausgabe

Die Trauerrede von Friedrich Kittler erschien in gekürzter Fassung in *Zeitschrift für Ideengeschichte* Heft IV/4 Winter 2010.

Redaktorat: Anna Sailer, Tom Lamberty

Printed in Germany
Druck- und Bindearbeiten: Dressler, Berlin
Umschlagentwurf: Jochen Stankowski, Dresden
ISBN 978-3-88396-303-7
www.merve.de

Inhalt

Das Schöne am Recht[1]

Cornelia Vismann

Sehr verehrte Damen und Herren,

Wie kommt es, daß die Leute die Gesetze befolgen und nicht vielmehr auf sie pfeifen? Diese Frage, nein, eher die Verblüffung über diesen weitverbreiteten Gesetzesgehorsam verleitet zum Thesenbilden. Doch lassen wir die Soziologenmär von der Akzeptanz als Erklärung aus dem Spiel. Auch der Hinweis auf die Vernunft der Gesetze verfängt wohl kaum. Bleibt, wie so oft, Max Weber. Von allen Erklärungsversuchen scheint der Webersche schon deswegen bedenkenswert, weil er die Frage umstellt. Nicht: wieso folgen die Leute den Gesetzen, sondern: wie stellen es die jeweils Herr-

---

[1] Dies ist die schriftliche Fassung der Antrittsvorlesung, die Cornelia Vismann am 13. Juni 2007 in Frankfurt am Main hielt.

schenden an, daß es sich so verhält? Die Frage zielt, so gestellt, auf die Herrschaftstechniken, die glauben machen, an das Gesetz glauben machen. Bekanntlich hat der protestantische Rechtssoziologe neben dem Glauben an die rationale Legalität auch den Glauben an Tradition und an die Heiligkeit einer Person im Angebot. Das charismatische Element ist dabei nicht zu unterschätzen.

Doch hat »die außeralltägliche Hingabe«[2] an einen politischen Herrscher und die durch ihn geoffenbarte Ordnung, wie Weber dieses Element nennt, im rationalen Zeitalter als Grund für die Folgsamkeit der Gesetzesunterworfenen nicht ausgedient? Der Beigeschmack des Hässlichen haftet charismatischer Führerschaft an, seit Diktatoren auf der politischen Bühne des 20. Jahrhunderts den illegitimen Verführer gegeben haben. Es gilt darum als ausgemacht, daß jene außeralltägliche Hingabe an einen Ordnungsstifter und dessen Ordnung nur Einbruch eines Irrationalen sein könne. Charisma ist – ebenso wie sein unpersona-

---

[2] Max Weber, *Wirtschaft und Gesellschaft. Grundriß der verstehenden Soziologie,* Tübingen 1980, S. 124.

les Gegenstück Charis – ein Fremdkörper rationaler Rechtsordnungen. Verführung hat so wenig etwas in der Welt der Gesetze zu suchen wie Anmut oder Gunst – wie man das Griechenwort Charis auch übersetzt. Kurzum: damit will das moderne Recht nichts – und nach dieser Vorgeschichte ja wohl auch zu recht – nichts zu tun haben.

Um die gewährte Redezeit nun nicht mit Spekulationen zu vertun, warum Gesetze dennoch binden, bietet es sich an, zu ihren Anfängen zurückzugehen, dorthin, wo solche Bindungstechniken gleich im Modell verdichtet beobachtbar sind. Lykurg und Solon, diese beiden archaischen Gesetzgeber Griechenlands,[3] stehen für zwei ver-

---

[3] Übersicht über alte Gesetze und Gesetzgeber nach Hans-Joachim Gehrke, »Der Nomosbegriff der Polis«, in: *Nomos und Gesetz. Ursprünge und Wirkungen des griechischen Gesetzesdenkens*, hg. v. Okko Behrends und Wolfgang Sellert, 6. Symposion der Kommission »Die Funktion des Gesetzes in Geschichte und Gegenwart«, Göttingen 1995, S. 13-35, hier S. 14ff.; siehe auch Karl-Joachim Hölkeskamp, *Schiedsrichter, Gesetzgeber und Gesetzgebung im archaischen Griechenland*, Stuttgart 1999; Arist. Pol. 1274 b II,12.

schiedene Arten, an das Gesetz zu binden. Auf Charis und Charisma wird dabei zurückzukommen sein. Beide, Lykurg und Solon, waren gefragt, eine Polis zu ordnen. Beide drängten sich nicht gerade dazu. Im Gegenteil nahmen sie diese Aufgabe erst nach langer Zeit und großem Zögern an.

Teilungsarten

Solons Ordnung in Athen setzt, wie alle archaischen Ordnungen, mit Landnahme und -verteilung ein. Als dessen Herrschaft mit der Jahreswende von 594 zu 593 beginnt, ist es das oberste Ziel,

---

Zu den frühesten Gesetzgebern zählen Zaleukos (der erste) und Charondas (beide zwischen 650 und 550), Drakon sowie Solon (zur zeitlichen Einordnung siehe Frank E. Adcock, »Literary Tradition and Early Greek Codemakers«, in: *Cambridge Historical Journal*, Bd. 2, Nr. 2 (1927), S. 95-109, insbes. S. 104f.). Die Gesetze von Gortyn und Dreros stammen aus derselben Zeit (vgl. dazu: Karl-Joachim Hölkeskamp, »Tempel, Agora und Alphabet. Die Entstehungsbedingungen von Gesetzgebung in der archaischen Polis«, in: *Rechtskodifizierung und soziale Normen im interkulturellen Vergleich*, hg. v. Hans-Joachim Gehrke, Tübingen 1994, S.135-164, hier S. 141).

Ackerland gerecht zu verteilen.[4] Der Grundsatz lautet: Gleiche Teile für alle. Doch was heißt gleich unter ungleichen Ausgangsbedingungen? Denn Solon läßt die bestehenden Verhältnisse weitgehend unangetastet (Plut. Sol. 15). Und selbst wenn mathematische Gleichheit den Ackerboden in exakt gleiche Stücke zu teilen vermag, wäre damit noch keine Gleichheit im Sinn des Gesetzes hergestellt: braucht doch der eine mehr als der andere, der Boden der einen Hälfte ist fruchtbarer als der der anderen usw. Man muß darum einen Ausgleich finden, die gute Mitte. Meson, sagt die Vernant-Schule, sei das Grundwort der athenischen Demokratie. Das nie ganz Gerechte einer Ordnung im Namen und im Maß von Gleichheit verlangt nach einem Recht, das abwägt und das schlichtet, das zwischen Bewahrung und Neuerung austariert und das den Ausgleich findet, das Teilhabe – modern gesprochen – Partizipation verspricht, das Gerechtigkeit verteilt und Kompro-

---

[4] Hans-Joachim Gehrke, »Der Nomosbegriff der Polis«, in: *Nomos und Gesetz. Ursprünge und Wirkungen des griechischen Gesetzesdenkens*, a.a.O., S. 20.

misse bildet[5] und das den Widerstreit der Gesetze im Weg praktischer Konkordanz löst. Und ob das je gerecht ist, weiß niemand. Gewiß ist lediglich, daß eine Ordnung unter dem Gesetz der Gleichheit, griechisch Isonomia genannt, jedenfalls dafür sorgt, daß Anwälten die Arbeit nimmer ausgeht.

Die Ordnung im Zeichen von Isonomia ist eine unvollkommene und will es sein. Sie schafft ein Recht, das Ungleichheit dem Ideal der Gleichheit annähert und sie doch nie erreicht. Daraus bezieht sie die Lizenz zum Pragmatismus. Solon wird dafür gerühmt – und rühmt sich zuvorderst selbst (Plut. Sol. 15,2) – unter den gegebenen *Umständen* die beste Ordnung geschaffen zu haben. Montesquieu zementiert das Bild vom pragmatischen Staatsmann, und die US-amerikanischen Verfassungsväter nehmen die »imperfect constitution« Solons dankbar zu ihrem Vorbild.

---

5 Hans-Joachim Gehrke, »Gesetz und Konflikt: Überlegungen zur frühen Polis«, in: *Frankfurter Althistorische Studien, 13. Kolloquium aus Anlaß des 80. Geburtstages von Alfred Heuß*, hg. v. Jochen Bleicken, Kallmünz 1993, S. 49-67, hier S. 64.

Wie geht es nun in Sparta unter Lykurg zu? Auch hier beginnt – nach den großen Landnahmen in Messenien um 720, also knapp 150 Jahre vor Solon – die große Landverteilung, dies allerdings erst nach Enteignung, Schuldentilgung[6] und Abschaffung der Geldwirtschaft (Plut. Lyk. 8). Geteilt wird auf dieser idealen Fläche nach Art der Harmonia. So wie Musiker ihre Lyra stimmen, spannte Lykurg die Saiten Spartas, schreibt Plutarch (Plut. Lyk./Num. 1,3). Die Mitte einer Saite – das ist kein Kompromiß. Es ist ein Ton.[7] »Eine einzige, fast gerade gespannte Saite erlaubt es, am Kanon [...] drei Mittel oder Tonverhältnisse abzugreifen«.[8] So steht es in Friedrich Kittlers *Musik und Mathematik* I, jenem Buch, dessen verstreute Hinweise für Juristen ich hier zusammenlese. Harmonia: nicht mit mathematischer, aber mit erotischer Gesetzlichkeit (Platon, Staat, 5, 458d); was sie der Schönheit zuliebe regelten in den Rhetren,

---

6 Umstritten ist, ob auch Solon mit Schuldentilgung oder lediglich Ermäßigung der Zinsen antrat, Plut. Sol. 15.

7 Friedrich Kittler, *Musik und Mathematik* I, Bd. 1: *Hellas*, Teil 1: *Aphrodite*, München 2006, S. 241.

8 Ebd., S. 309.

waren posterotische Dinge, Eheschließung und Kindererzeugung (Lyk. Plut. 14).

Die Kunst der Ordnung, die sich der Harmonie verpflichtet weiß, besteht darin, die Teile so zu fugen, daß sie in Einklang miteinander sind. Das heißt nicht etwa, daß sie in den Ohren der Ordnungsunterworfenen gut klingen sollen. Das Gesetz der Harmonia ist ein mathematisches. Das Verhältnis der oberen Tonabstände entspricht dem der unteren. Wenn also Rechtshistoriker der Antike bestätigen, daß die Entdeckung der Harmonie mit den ersten Akten der Gesetzgebung Hand in Hand gehe,[9] dann läuft das nicht auf irgendeinen Wohlklang hinaus. Eunomia, wie Aristoteles eine frühe Hymne auf Spartas Herrscher überschreibt,[10] ist das Ergebnis der Übertragung eines bestimmten Wissens, das die Betrachtung oder thêoría vom Spannen und Teilen der Saiten gegeben hat. In

---

[9] Hans-Joachim Gehrke, »Der Nomosbegriff der Polis«, in: *Nomos und Gesetz. Ursprünge und Wirkungen des griechischen Gesetzesdenkens*, a.a.O., S. 24, Anm. 51.

[10] Nach Lukas Thommen, *Lakedaimonion Politeia. Die Entstehung der spartanischen Verfassung*, Stuttgart 1996, S. 35.

Lakedaimonien – dem antiken Namen Spartas, der daio, für teilen, ordnen enthält – herrscht also darum eine eunomische Ordnung, weil Lykurg die Saiten Spartas so spannte und teilte wie die Musiker die Saiten der Lyra. Konkret war das die Lyra Terpanders, die, erstmals mit sieben statt vier Saiten,[11] dem harmonischen Grundgedanken der Oktave schon sehr nahe kam.

Lykurg hatte Terpander, den Nomoden oder Singer des Rechts[12] (der Dike in den Kreis der Musen aufnimmt (Plut. Lyk. 21,4), aus dem ionischen Lesbos nach Sparta geholt. Hätte er für seine Neuordnung statt auf lyrische Übertragung auf *legal transfer* gesetzt und wäre den Vorbildern gefolgt, die er auf seinen Reisen, namentlich nach Ägypten kennengelernt hatte (Plut. Lyk. 4), wäre sicher nicht Eunomia dabei herausgekommen. Ehrfurchtgebietende Stelen mit tausend geheimnisvollen Zeichen an heiligen Plätzen hätten dem

---

[11] Ebd., S. 45.

[12] Rosalind Thomas, »Written in Stone? Liberty, Equality, Orality and the Codification of Law«, in: *Bulletin of the Institute of Classical Studies* 40 (1995), S. 59-74, hier S. 63, Anm. 19 und 21.

Kult des Gesetzgebers gedient. Auf Lesbarkeit wäre es nicht angekommen, den Gebrauch der Gesetze hätten schließlich Priester in der Hand gehabt. Eine solche charismatische Führerschaft im Blendwerk von Schriftzeichen schlägt Lykurg indes aus.

Die Ordnung Spartas hat, sie ist eine Harmonie.[13] Doch was in der Theorie schön und vollkommen ist, ist deswegen in der Praxis der Sterblichen noch lange nicht verfügbar. Isonomia und Eunomia lassen sich so wenig gegeneinander ausspielen wie ihre beiden Protagonisten. Der Autor ihrer beiden Biografien, Plutarch, nimmt Solon in Schutz und betont, daß dieser sich dadurch von Lykurg unterschied, daß er das Gesetz den Umständen anzupassen hatte (Plut. Sol. 22; siehe auch 16). Die Umstände dem eigenen Gesetz zu unterwerfen und eine Ordnung allein nach mathe-

---

[13] Vgl. auch Lykurgs Zahlenpolitik: 28 beträgt die Zahl der Geronten, Lykurgs Erfindung eines Ältestenrats. Sie entsteht durch vier mal sieben und ist gleich »die Summe ihrer Faktoren, somit nächst der sechs eine vollkommene Zahl« (Plut. Lyk. 5) schreibt Plutarch; Vgl. Marcel Detienne, »En Grèce archaique: Géometrie, politique et société«, in: *Annales (ESC)* 30 (1965), S. 425-441.

matischen Gesetzen der Harmonie zu entwerfen, das scheint Göttern und Halbgöttern vorbehalten. »Mehr Gott als Mensch« (Plut. 5; Hdt. 1,65) sei Lykurg gewesen, schreibt Plutarch. Wo also Daimonen im Bund mit dem Außeralltäglichen Blindheit gegenüber alltagspolitischen Anforderungen walten lassen können, wird von den Anführern dieser Welt in allen Dingen Augenmaß erwartet.

Apodemischer Trick

Die Ordnung von Unsterblichen in Harmonie und das mutmaßliche Ende aller Rechtsstreitigkeiten auf der einen Seite, der Seite Spartas, und eine unvollkommene Ordnung mit dem nicht endenden Bedarf nach einem Recht, das schlichtet, auf der athenischen Seite – eine mögliche Parallelbiografie von Solon und Lykurg ist damit indes nicht zu Ende. Auf Landnahme und -verteilung folgt die heikelste aller Gesetzgeber-Aufgaben. Wie den Gesetzen Dauer verleihen, wie die Polismitglieder dazu bewegen, daß sie den Gesetzen der neuen Ordnung auch wirklich folgen? Beide Archonten bedienen sich, wie's scheint, derselben Strategie. Sie gehen auf Reisen, nicht irgendwelche Reisen, wie sie jeder Tourist unternehmen kann, sondern die Reise, die Herrscher einer Polis in Großgriechenland nach getaner Ordnungsarbeit üblicherweise antreten (vgl. Arist. Ath. Pol. 11,1; Plut. Sol. 18/25; Hdt. 1,29). Bei dieser Reise kommt es auf die Abwesenheit vom Volk an – weswegen sie auch Apo-Demia genannt wird.

Lykurg begab sich, nachdem er festgestellt hatte, daß alles »richtig und in Ordnung« sei (Plat. Lyk. 29, vgl. 5,1) zum ordnungsgebenden Gott Apoll.[14] Zuvor nahm er den Bürgern Spartas noch den Schwur ab, für die Dauer seiner Abwesenheit »bei den bestehenden Gesetzen [kathestôsi nomois] [zu] bleiben und nichts [zu] ändern oder umzustoßen« (Plut. Lyk. 29,2). Doch kam er nicht zurück, »gab sich den Tod durch Enthaltung der Nahrung« (Plut. Lyk. 29), wie Plutarch schreibt. Die Ordnung bleibt im Wartezustand stillgestellt, für gut befunden war sie durch Orakelspruch, von dem

---

[14] Victor Ehrenberg, *Die Rechtsidee im frühen Griechentum. Untersuchungen zur Geschichte der werdenden Polis,* Leipzig 1921, S. 6ff.

Lykurg die Bürger Spartas noch mit einem Brief von seiner Reise unterrichtet hatte. Die Gesetze dieser Polis hielten eine ganze Ewigkeit, fünfhundert Jahre, was keine Ordnung dieser Zeit, selbst bei Androhung fürchterlicher Flüche und Inaussichtstellen großen Heils, zustande gebracht hat.

Ein paar denkbar knappe Worte, die im Begriff des Lakonischen sprichwörtlich geworden sind, reichen, die Ordnung Lakedaimoniens auf Jahrhunderte zu festigen. Knappe Worte voller charis, wie es bei Plutarch heißt, das ist die kostbare Währung Spartas, seit Lykurg verfügt hatte, daß Geld nur noch von großem Gewicht und Volumen, nicht aber von hohem Wert sein sollte (Plut. Lyk. 9 und 19,1). Aus nómisma[15] wird nomos[16], aus Geld

---

15 Vgl. Friedrich Kittler, *Musik und Mathematik* I, a.a.O., S. 199: »vom Nomos rührt nómisma, das allererste Wort für Geld« mit Hinweis auf Alfred Sohn-Rethel und Johannes Lohmann.

16 Umstritten ist, ob nomos z. Zt. Homers schon diese Bedeutung hat; laut Victor Ehrenberg, *Die Rechtsidee im frühen Griechentum. Untersuchungen zur Geschichte der werdenden Polis,* a.a.O., S. 114: hat es nur den Sinn von Weideplatz. Siehe auch Carl Schmitt, »Nomos – Nahme – Name«, in: *Der beständige Aufbruch. Festschrift für Erich Przywara*, hg. v. Siegfried Behn, Nürnberg 1959, S. 92-105:

Gesetz, vorausgesetzt, die kostbare Münze Wort kommt und bleibt in Umlauf. Ein Davongehen und Wenigerwerden, das ist alles, was Lykurg dazu unternimmt. Er streicht den Nomotheten durch, verhungert. Das ist kein Opfer, das die Errichtung einer höheren Ordnung etwa mit der Hingabe des eigenen Lebens bezahlt. Es läßt allein dem Gesetz den Vortritt, dem Gesetz, das an keinen physischen Gesetzgeber gebunden ist und gerade darum von sich aus wirkt und bindet, spricht, singt und in aller Munde ist. In wessen Namen denn spricht der Nomos, wenn nicht im Namen des Namens?[17]

Lykurg hat viel dazu getan, daß es sich so verhält. Nicht allein hat er seine historische Person der Überlieferung entzogen, und zwar so erfolgreich, daß sein Biograf Plutarch sich gezwungen sieht, seine Lebensbeschreibung mit der Fest-

---

Akzente gab es nicht, also ist auch Ordnung gemeint. Jedenfalls nachgewiesen bei Hesiod, vgl. Victor Ehrenberg, ebd., S. 115.

17 Carl Schmitt, »Nomos – Nahme – Name«, in: *Der beständige Aufbruch. Festschrift für Erich Przywara*, a.a.O, S. 104.

stellung einzuleiten, daß über diesen Herrscher nichts gesagt werden könne, was unumstritten sei (Plut. Lyk. 1,1). Lykurg hat überdies dem Gesetz jeden Gegenwert im Physischen entzogen. Er hat verfügt, daß sein Körper nach dem Tod verbrannt und die Asche in alle Winde verstreut werden solle (Plat. Lyk. 32,3)[18]. Und noch etwas von Lykurgs Handlungen bereitet das Gesetz ohne Gesetzgeber vor. Mit seiner Weigerung, den Status des Königs anzunehmen (Plut. Num. 23,3-5), hält dieser den Platz des Königs für den Nomos frei. Und siehe da: Das Gesetz wird König. Nomos basileus, besingt Pindar es später,[19] »aus heiligem Chaos gezeugt«[20] fügt Heidegger diese Zeile Hölderlins

---

18 Vgl. Jesper Svenbro, *Phrasikleia. Anthropologie de la lecture en Grèce ancienne*, Paris 1988, S. 133.

19 Pindarfragment 169: »Nomos der Sterblichen all wie/Unsterblichen König«, Pindarus, *Pindari carmina cum fragmentis*, hg. v. Bruno Snell, München 1964, S. 123.

20 »Nach vestem Geseze, wie einst, aus heiligem Chaos gezeugt«, lautet eine Gedichtzeile Hölderlins aus dem Gedicht »Wie wenn am Feiertage ...«, die Martin Heidegger mit dessen Pindarübersetzung des Nomos Basileus in Verbindung bringt, um das Chaos als Medium vorzustellen, als das Anfängliche vor jeder Unterscheidung, das Chaos als Medium des Unterscheidens – in Sterbliche und

hinzu. Chaos heißt Abgrund und auch offner Mund, der nach einer Beobachtung Derridas zum Sprechen ebenso wie vor Hunger geöffnet sein kann.[21] Und beides stimmt. Denn schließlich: wer spricht, isst nicht, und wer nicht isst, verhungert.[22] Was übrig bleibt, ist eine körperlose Stimme.

Die körperlose Stimme zeugt das Gesetz, wird Medium eines Rechts, das in Sparta ohnehin niemals geschrieben steht. Rhetren,[23] von rhéma,

---

Unsterbliche; Martin Heidegger, *Erläuterungen zu Hölderlins Dichtung*, hg. v. Friedrich-Wilhelm von Herrmann, Frankfurt / Main 1996, S. 61.

[21] Jacques Derrida, »Den Tod geben«, in: *Gewalt und Gerechtigkeit. Derrida–Benjamin*, hg. v. Anselm Haverkamp, Frankfurt / Main 1994, S. 331-435, hier S. 410.

[22] Wer nicht isst, kann den Mund zum Sprechen gebrauchen. »Es gibt eine gewisse Disjunktion zwischen essen und sprechen«, bemerken etwa Gilles Deleuze und Felix Guattari, *Kafka. Für eine kleine Literatur*, Frankfurt / Main 2002, S. 29.

[23] Ein feierlicher Ausspruch mit autoritativem Anspruch war die Rhetra laut neuer Realencyklopädie, von den Göttern herkommend, und den thesmoi entgegengesetzt, den Satzungen oder Gesetzen, die von Sterblichen gemacht sind und zumeist ohne Inanspruchnahme eines Orakels in Kraft treten und seit dem 7. Jahrhundert in den Städten Unteritaliens und Kretas an der Tagesordnung waren, um

gesprochenes Wort, heißen dort die Gesetze, die nach einem Wort Friedrich Kittlers treffender Geheiße heißen müßten.[24] Von allen Rhetren ist vor allem diese eine überliefert, die untersagt, sie je aufzuschreiben (Plut. Lyk. 13,1). Nach so viel Strategien des Entzugs der Physis im Nomos, der Verkörperungen des Gesetzes in Gesetzgeber und in Schrift, wird keiner mehr behaupten wollen, Spartas Gesetze seien bloß deswegen nicht aufgeschrieben worden, weil es dem Herrscher aus nachhomerischer Zeit an Alphabetkenntnissen gemangelt habe.[25] Dessen gesamte Ordnungspolitik läuft darauf hinaus, alles, was die Vollkommenheit des Gesetzes stören könnte, das Geld ebenso wie den Gesetzgeber, zu entfernen, bis Schönheit selbst diktiert, was zu tun und zu lassen ist. Wie also sollte Charis – das Kostbarste, das

---

Rechtswegfragen, Amtszeiten, Landverteilung und Friedenswahrung zu regeln, siehe den Eintrag »Rhetra« in: *Der neue Pauly. Enzyklopädie der Antike*, Bd. 10, hg. v. Hubert Cancik u.a., Stuttgart 2000, Sp. 988f.

[24] Friedrich Kittler, *Musik und Mathematik* I, a.a.O., S. 143.

[25] Dies ebenso verneinend Lukas Thommen, *Lakedaimonion Politeia. Die Entstehung der spartanischen Verfassung*, a.a.O., S. 43. Anm. 97.

Lakedaimonien zu bieten hat – nicht mit im Spiel der Geheiße sein?

So gilt's in Sparta. Und über ein Jahrhundert später in Athen? Auch Solon ging auf die vorgesehene apodemische Reise. Doch kehrt er von dieser Unternehmung, die statt zum Orakel studienhalber nach Ägypten führt, ganz wie versprochen, zehn Jahre später unversehrt zurück. – Keine Reise ohne Wiederkehr, keine Stimmwerdung des Gesetzes und auch keine unsterbliche Ordnung. Hundert Jahre sollten die athenischen Nomoi laut Solons Befehl unangetastet bleiben (Plut. Sol. 25), doch fällt die Stadt schon bei dessen Rückkehr in Tyrannenhände.

Doch auch an dieser Stelle wäre eine griechisch-griechische, genauer dorisch-ionische Parallelbiographie der beiden archaischen Herrscher nicht passend. Es geht nicht, den Staatsmann Solon gegen den Daimon Lykurg auszuspielen. Solons Abwesenheit vom Volk verfolgte von vornherein andere Ziele als das der Stimmwerdung des Gesetzes. Sie hatte gesetzespädagogische Absichten. Die Athener sollten sich an das Gesetz gewöhnen (Plut. Sol. 25), heißt es, und weiter bei

Aristoteles: »Es sei nicht gerecht, daß er bleiben und die Gesetze auslegen solle, vielmehr solle jeder Bürger die geschriebenen Anordnungen befolgen« (Arist. Ath. Pol. 11,1; siehe auch Plut. Sol. 18 und Hdt. Hist. 1,29). So gewöhnt man Leute, die gewohnt sind, auf das Herrscherwort zu *hören*, an das aufgeschriebene Gesetz.

Solon machte nomoi zu geschriebenen. Mit seiner Staatsdoktrin, alles aufzuschreiben, hatte er nicht allein für eine günstige Überlieferungslage seines eignen Lebens gesorgt, er hatte auch den Gesetzen Drakons dazu verholfen, daß sie der Nachwelt bekannt wurden. Von dessen thesmoi wurden einige ausgewählt und als nomoi auf mannshohen drehbaren Holzgestellen (axones) angeschrieben.[26] Zwar sind geschriebene Gesetze stets bloß das Zweitbeste, was einer politischen Ordnung widerfahren kann, wie Aristoteles in aller Deutlichkeit feststellt, wenn er schreibt: »Es ist aber in jeder Kunst einfältig, sich nach dem

---

[26] Vgl. Eberhard Ruschenbusch, *ΣΟΛΩΝΟΣ ΝΟΜΟΙ. Die Fragmente des solonischen Gesetzeswerkes mit einer Text- und Überlieferungsgeschichte*, Wiesbaden 1966, S. 23f.

Geschriebenen zu richten [...]. Aus demselben Grund wird also auch die auf Geschriebenes und auf Gesetze (thesmoi) aufbauende Verfassung (nomos) nicht die beste sein können.« (Arist. Pol. III,15 1285 b). Doch sind geschriebene Gesetze damit genau das Richtige für einen, der es auf das Beste stets nur unter den gegebenen Umständen anlegt. Oder anders ausgedrückt, was nützt das Beste, wenn es nicht praktikabel ist? Was nützen die schönsten Regeln, wenn sie nicht aufgeschrieben stehen? So ist es in Athen und allen politischen Ordnungen, die dieser Polis folgen, keine Frage, daß Schönheit dem funktionierenden Recht geopfert werden müsse.

Mit Solon hält der Gesetzespositivismus Einzug in die Welt des Rechts. Das heißt nun gerade nicht, daß das Gesetz für sich steht. Es erhält vielmehr erst einen Autor oder Schöpfer. Der schreibende Gott des Alten Testaments ist darin angelegt. Kein offner Mund zeugt hier die Ordnung. Ein Nomothet setzt in Athen den Nomos. In dieser thetischen Anordnung bleibt das Gesetz an den Gesetzgeber gebunden. Und darauf kommt es an. Denn wenn es eines zu vermeiden gilt aus Solons

Sicht, dann ist es ein Gesetz, das sich selbst singt und überträgt, das Bindungskräfte entfaltet, die kein Gesetzgeber dieser Welt noch rückrufen oder kontrollieren könnte. Ohne Gesetzgeber wäre das Gesetz nicht einmal mehr änderbar. Das »eigentliche, rein für sich genommene Gesetz« ist ein Tyrann, schreibt Platon (Plat. Ges. IV, 722 ef.). Im pragmatischen Umkehrschluß heißt das, daß jeder Gesetzgeber, und sei er noch so tyrannisch, der Tyrannei des Gesetzes vorzuziehen sei. Es gilt darum, den Nomotheten auch nach dem Akt der Gesetzesgabe noch im Geschäft des Rechts zu halten. Was aber macht ihn unentbehrlich, wenn nicht ein suboptimales Recht, wie man heute sagen würde? Daher die Neigung zu unvollkommenen Gesetzen, die Athens Herrscher angeblich sogar noch absichtlich lückenhaft gelassen hat (Plut. Sol. 18).[27] Dient schon die zeitweilige Abwesenheit des Gesetzgebers also der Erprobung des Gesetzes,[28] so ist erst recht das Imperfekte des

[27] Rudolf Hirzel, *Agraphos Nomos*, Leipzig 1903, S. 58.

[28] Vgl. Montesquieu zum Probieren eines Gesetzes, »bevor man es endgültig in Kraft setzt«, Charles de Montesquieu,

Gesetzes seiner Fehlbarkeit zugerechnet: »So begegnen die Gesetze immer den Leidenschaften und Vorurteilen des Gesetzgebers. Manchmal gehen sie durch sie hindurch und nehmen nur eine Tönung von ihnen an, manchmal bleiben sie in ihnen stecken und verkörpern sie in sich«, schreibt Montesquieu über den Geist der Gesetze und durchschaut die Geister, die Nomotheten heißen, nur zu gut.[29]

Dort, wo kein Orakel die Vollkommenheit der Ordnung abrundet, in der Demokratie also, wird die Reise des Gesetzgebers nach getaner Gesetzgebungsarbeit zum Trick, zu einem Instrument, um die Leute glauben zu machen. Sie sollen glauben, daß hinter jedem Gesetz ein Gesetzgeber stehe. Die Unzufriedenheit oder doch zumindest Verunsicherung, die die Gesetze Solons auslösen, gehören dabei zum Kalkül. »Nachdem die Gesetze in Kraft getreten waren«, so liest man bei Plutarch, »kamen alltäglich Leute zu Solon, die ihn lobten

---

*Vom Geist der Gesetze 1,*Tübingen 1992, B. 2, Kap. 2, S. 109.

29 Ebd., B. 29, Kap. 19, S. 372.

oder tadelten oder ihm rieten, dies oder das in den Text einzufügen oder daraus zu streichen; die meisten aber befragten ihn, forschten ihn aus und verlangten eine genaue Belehrung und Erläuterung, wie jedes gemeint sei und was es bezwecke. Da er nun erkannte, daß es auffällig und unverständlich sein werde, wenn er das nicht täte, und wenn er es täte, ihm Feindschaft eintragen würde, und da er sich jedenfalls diesen Schwierigkeiten entziehen und der Unzufriedenheit und Tadelsucht der Bürger aus dem Weg gehen wollte, [...] so nahm er seinen Seehandel zum Vorwand, um zu verreisen, und segelte davon, nachdem er von den Athenern einen zehnjährigen Urlaub erbeten hatte« (Plut. Sol. 25,5).

Der Nomothet geht mit seinem unter Vorwänden erwirkten Urlaub nicht etwa Auslegungsfragen und allgemeiner den Aporien des Gesetzegebens aus dem Weg. Für letztinstanzliche Auskünfte steht er vorübergehend einfach nicht zur Verfügung. »Komme gleich wieder«, steht über Solons Satzungen. In Erwartung seiner Wiederkehr werden die Gesetze von den Daheimgebliebenen probehalber schon einmal ausgelegt.

Alle Auslegung von Gesetzen funktioniert seither in dieser Logik des vorübergehend abwesenden Gesetzgebers. In der Auslegungsmethode, die dessen mutmaßlichen Willen ermittelt, ist das vielleicht am deutlichsten. Doch auch der Wortlaut bindet das Gesetz an die Figur. Denn daß sich etwas laut Gesetz so oder so verhalte, tut so, als sei die Stimme des Gesetzgebers darin noch vernehmbar. Sie horcht auf den, der durch die Gesetzesschrift hindurch vermeintlich spricht. Das Simulakrum einer Stimme des Gesetzgebers verleiht dem Buchstaben des Gesetzes erst Autorität. Sie ist ins Gesetz versenktes herrscherliches Charisma.

Zu Solons Zeiten ist dieser charismatische Grundton im Gesetz noch deutlicher vernehmbar als bei Verkündigung des Gesetzes in einem Amtsblatt. Es war üblich, das geschriebene Gesetz auch zu verlautbaren.[30] In aller Regel wird die Einleitung zu den Grundordnungen einer Polis, die als persönliche Ansprache abgefasst ist, intoniert, was

---

[30] Vgl. Jesper Svenbro, *Phrasiklea. Anthropologie de la lecture en Grèce ancienne*, a.a.O., Kapitel 6: »Nómos, exégèse, lecture. La voix lectrice et la loi«, S. 123ff.

dann den Eindruck erzeugt, als spräche durch die Prooimien hindurch der Nomothet unmittelbar zu den Gesetzesunterworfenen.[31] Die Stimme, die unter Lykurgs Ordnung Medium wurde, wird hier zum Mittel. Zu einem Mittel, das die Stimme ihrer affektiven Bindungspotentiale wegen nutzt – ganz so, wie Platon sich das denkt, wenn er zur Bindung an das Gesetz Nomen,[32] gesungene Gesetzeswei-

---

[31] Karl-Joachim Hölkeskamp, *Schiedsrichter, Gesetzgeber und Gesetzgebung im archaischen Griechenland,* a.a.O., S. 149f. Für Solon trifft das zu, siehe Erich Ziebarth u.a, *Das Stadtrecht von Gortyn und seine Beziehungen zum gemeingriechischen Rechte*, Göttingen 1912. Ebenso findet sich in Charondas' Vorwort zum Grundgesetz Siziliens (550 v.Chr.) eine Bestimmung, wonach dieses Prooimium an bestimmten Festen bekannt gegeben werden soll. In: Iamblichus, *On the mysteries of the Egyptians, Chaldeans, and Assyrians [...] Political Fragments of Archytas, Charondas, Zaleucus and other ancient Pythagoreans*, Chippenham 1999, S. 399; dazu Rosalind Thomas, »Written in Stone? Liberty, Equality, Orality and the Codification of Law«, in: *Bulletin of the Institute of Classical Studies*, a.a.O., S. 63, Anm. 17.

[32] »Nomos« sagt der für Spartas Mädchenchöre komponierende Alkman aus Sardeis in Kleinasien im 7. Jahrhundert dazu. Seither ist der Wortgebrauch verbürgt, siehe den Eintrag »Nomos« in: *Paulys Real-Encyclopaedie der classi-*

sen empfiehlt, »weil sie für das Gesetz willig und durch die Stimmung empfänglich für den Befehl machen« (Plat. Ges. 722 d-e, 723).[33] Der Mathe-

---

schen Altertumswissenschaft, 33. Halbbd., Stuttgart 1936, Sp. 840f.

33 »Nomos«, in: *Der neue Pauly. Enzyklopädie der Antike*, Bd. 8, Weimar 2000, Sp.982ff. Eine Differenz zwischen musikalischer und rechtlicher Ordnung kommt erst mit Platon ins Spiel der Gesetzgebung. Nicht jede Musik ist dann noch »in Ordnung«. Es gibt, wenn die Musik in den Dienst der Gesetzgebung genommen und zum Gegenstand derselben geworden ist, erlaubte und ordnungswidrige Musik. Platon lässt einen Athener die Gesetzgebung der Musik entwerfen, um deren Gefährlichkeit zu unterbinden, vgl. Plat. Ges. 802: eine Kommission soll die alten Gesänge auswählen, von denen man ›nichts Schlimmes für den in der Gründung begriffenen Staat zu befürchten hat‹. Auch die Umgestaltung der alten Gesänge ist vorgesehen, damit kein »ordnungswidrig gestaltetes Musikstück« mehr zu hören sein wird. Normen für Gesänge sollen aufgestellt werden, die den Unterschied zwischen Männern und Frauen in der Art der Musik verdeutlichen (vgl. auch Plat. Ges. 669f. zur Unterscheidung von schlechter und richtiger Musik). Es ist gemäß dieser Gesetzgebung der Musik also konsequent, die Übertretung von Musenregeln genauso wie die Übertretung von Polisgesetzen zu ahnden (Plat. Staat 424 c). Zu Musik als Gesetz bei Platon siehe auch Siegfried Melchinger, *Das Theater der Tragödie*, München 1974, S. 229.

matiker und Staatsmann Archytas wird um 400 die musikmathematische Theorie von der Harmonia in eine Verfassungslehre übertragen,[34] die »ganz ohne das damals wie heute übliche Moralgerede«, wie Kittler schreibt,[35] allein nach der Gleichheit des Verhältnisses zwischen den oberen und den unteren Gliedern, sprich: Mitgliedern der Polis, die Demokratie als die gerechte Ordnung herausstellt.[36]

---

[34] Siehe neben Friedrich Kittler auch Andrew Barker, *The science of harmonics in Classical Greece*, Cambridge u.a. 2007, S. 42. Zu Archytas' Schrift siehe Armand Delatte, *Essai sur la politique pythagoricienne*, Genf 1979, Kapitel 4.

[35] Friedrich Kittler, *Musik und Mathematik* I, a.a.O., S. 309.

[36] In Zahlen gibt es das arithmetische Mittel zwischen dreien 12:9:6. Das Intervall des größeren Terms ist kleiner und das des kleineren Terms größer. Das geometrische Mittel von 6, 12, 24 hier: 24:12 = 12:6 = 2:1. Die Intervalle sind gleich. In der harmonischen Proportion (genauer: einem von Archytas überzähligen, hypenantia genannten Verhältnis, das erst später als harmonisch bezeichnet wird) 12, 8, 6 ist der Abstand des größeren Terms größer und das des kleineren kleiner. 12:8 = 3/2 und 8:6 = 4/3. Die Demokratie beruht auf einem geometrischen, die Aristokratie entspricht einem harmonischen und die Oligarchie einem arithmetischen Verhältnis. Gerecht ist allein das geometrische Ver-

Wenn Solon, der Gesetzgeber, Dichter und Sänger in einem,[37] die geschriebenen Nomoi in Verse fasst, dann nutzt er ebenso taktisch den Wohlklang der Sprache zur Bindung an das Gesetz. Überhaupt scheint es darum zu gehen, daß alles in Athen sich schön anhört. Statt auf eine Wortwährung, knapp und kostbar, setzt Solon darum auf solche Worte, welche die Hässlichkeit der Tatbestände übertönen (Sol. 15,3). Uns klingen diese Euphemismen im übrigen vertraut: aus Gefängnissen werden in Solons Amtssprache kleine Zimmer oder Zellen, und aus Tributen werden Beiträge (ebd.).

Auch wenn Solons Gesetzen, trotz dieser Politik der Stimme und der Stimmung, in Athen keine lange Dauer beschieden war, sein Fort-Da-Spiel als Gesetzgeber hat nachhaltig Erfolg gehabt. Dieses Komme-gleich-wieder, das seit Solons apodemischem Trick den Gesetzen eingeschrieben ist,

---

hältnis, weil hier die beiden Abstände einander genau entsprechen.

[37] Plut. Sol. 8,2f.; 30ff., dazu Nicole Loraux, »Solon et la voix de l'écrit«, in: *Les savoirs de l'écriture. En Grèce ancienne*, hg. v. Marcel Detienne, Lille 1988, S. 95-129.

verleiht dem Gesetzgeber Unsterblichkeit – nicht nach Art antiker Helden freilich, sondern als rhetorische Figur.

Als hätte man Athen gezwungen, seine Gesetze aufzuschreiben, verklärte Platon die agraphoi nomoi (Plat. Staat, IV, 425ff.) zu höherrangigen Gesetzen, und Cicero plapperte es ihm von seinem Rom des ius scriptum aus nach: Das himmlische Gesetz ist ungeschrieben, »lex vera ... ratio est recta summi Iovis« (Cic. Ges. II, 9f.). Erdrückt von der Fülle der Normen zeichnet Platon schließlich das Bild von einem seligen Athen, das noch ganz ohne geschriebene Gesetze ausgekommen sei. Das Athen der ungeschriebenen Gesetze aber heißt Sparta oder Lakedaimonien – was neben dem Verb für teilen auch das Verb für reden und verkünden – lasko – enthält.[38] Platon verblendet das erfolgreiche Land zu einem Ur-Athen, macht aus der Seemacht eine Landmacht, ganz so wie Sparta, er stellt es dem mythischen Atlantis gegenüber und suggeriert einen Zusammenhang zwischen Seemacht und Schrift, indem er in großer

[38] Siehe Rudolf Hirzel, a.a.O., S. 77f.

Ausführlichkeit den Schriftkult mit Blut und Wein zur jährlichen Bekräftigung der Unveränderlichkeit der Schrift beschreibt (siehe dazu Plat. Ges. VIII 842 cf.)

Ortloser Nomos

Wie anders nehmen sich dagegen die Folgen einer Reise ohne Wiederkehr aus, die dem Nomos den Nomotheten radikal entzieht, so daß allein die Stimme ganz ohne Gegenwert in Schrift das Sagen oder Singen hat?

Doch ist diese Ordnung in Schönheit und Harmonie überhaupt je eine Option für das Recht gewesen und nicht bloß mythisches Modell im Hintergrund, um nicht zu sagen: am Abgrund? Der Nomos in seiner akustischen Dimension ist schließlich bedrohlich nah am Chaos. Etwas an der ort- und körperlosen Stimme aus diesem offnen Schlund ist zur Repräsentation nicht fähig, nicht einmal durch ihre Dingfestmachung im Zeichen. Das Nomadische des Nomos,[39] oder stimmiger, das Nomodische, widersetzt sich der Logik des Juridischen. Es führt in Reiche ohne Sinn, schafft Geltung ohne Bedeutung. So ist es nicht verwunderlich, daß selbst der Jurist, der dafür bekannt ist, daß er den Nomos über das Gesetz stellt, alles unternimmt, um das Nomodische daran zu verwerfen. Carl Schmitt erwähnt im *Nomos der Erde*, daß Nomos auch eine Tonfolge, also eine musikalische Ordnung bezeichnen kann, als »gewiß bedeutungsvoll«, doch für den konstituierenden Raumordnungsakt nicht weiter relevant.[40]

Ganz unabhängig davon, ob nicht auch Sätze wie diese dazu beigetragen haben, daß ihr Autor nach 1945 umso heftiger von Stimmen heimgesucht wurde, wird man mit der Fixierung auf den Raum des Nomos den ortlosen Anfang des Rechts im Chaos nicht los. »Unterscheidet sich die Stim-

---

[39] Siehe, unter Bezugnahme auf Jean-Luc Nancy, Thomas Schestag, »Namen nehmen. Zur Theorie des Namens bei Carl Schmitt«, in: *Modern Language Notes* 22 (2007), S. 544-562, hier S. 10, Anm. 27.

[40] Carl Schmitt, *Der Nomos der Erde im Völkerrecht des Jus Publicum Europaeum*, Köln 1950, S. 40.

me des Verfolgers deutlich von der verfolgten Stimme?«[41] Der latent psychotische Grund des Rechts läßt sich nicht leugnen. Eher scheint es, daß Lykurg für ein Modell steht, dieses Chaos zu meistern, ohne nach Art der Schäfer (nomeois) im Nomos zu weiden (nemein)[42] oder sonst wie raumordnend tätig zu werden. In der Ortlosigkeit des phonetischen Anfangsgrunds allen Ordnens bestehen Teilungen nicht aus Zäunen um Weideflächen, auch nicht aus Mauern um Staatsgebiete, geschweige den aus in Holztafeln geritzten Schriftzeichen.

Es ist verführerisch, diesen unterritorialen Anfang des Rechts in Harmonie als einen Anfang

---

41 Mladen Dolar, *His Master's Voice. Eine Theorie der Stimme*, Frankfurt / Main 2007, S. 78.

42 Vgl. das Wortspiel von nomos, Nomios und Neméios, den Namen für Zeus, und nomeus, Schäfer, in der Archytas zugeschriebenen Abhandlung über das Recht ›peri nomou‹, Armand Delatte, *Essai sur la politique pythagoricienne*, Genf 1979, S. 119. Zum Wortfeld von nemein/nomos neben Carl Schmitt auch Victor Ehrenberg, *Die Rechtsidee im frühen Griechentum. Untersuchungen zur Geschichte der werdenden Polis,* a.a.O., S. 114, und Georg Curtius, *Grundzüge der griechischen Etymologie*, Leipzig 1879.

vor dem der Gewalt des Rechts zu denken. Das Schöne am Recht ist jedenfalls, daß die Kanäle dazu nicht ganz verstopft sind. Die Rechtsgeschichte hält sie offen. Zu Gehör gebracht mit aulos oder kithara, dem Instrument der Schäfer, werden nomoi. Das ist nicht mal weit hergeholt. War nicht Zaleukos, einer der archaischen Gesetzgeber, Schäfer? Mit rechtshistorischen Ohren gehört nimmt selbst die ›venia‹, um die es hier in diesem Vortrag geht, einen schöneren Klang an. Als Instrument der schönsten Göttin Aphrodite alias Venus erweist sie sich als Zeugnis dafür, daß Gunst und Liebesdienst, wie man sie wörtlich übersetzen müsste, auch das Recht einmal etwas angingen. Und selbst wenn wir ansonsten – über solche klanglichen Verbindungen hinaus – nicht viel von einem anderen Recht wissen, das charis nicht daraus verstoßen hat, es gab dieses nomodische Recht, das gesungen und getanzt, statt geschrieben und ausgelegt wurde. Lykurg ist der erste Sammler von Homers Dichtungen (Plut. Lyk. 4) – und das ist keine Literatursammlung.[43] Es ist

---

[43] Zum Unterschied vgl. Friedrich Kittler, *Musik und Mathemathik* I, a.a.O., S. 155.

die Verbeugung vor den Worten, die nennen, was sie sind, nomoi eben. Sogar Solons aufgeschriebene Gesetze enthalten noch etwas von dieser alten Nomosschicht aus Tanz und Rhythmus. Es heißt, er habe seine Gesetze in Hexametern abgefasst.[44] Hexameter, das sind in aller Wörtlichkeit nach Friedrich Kittler »sechs Füße, Takte, Tanzschritte«.[45] – Die nomoi als Tanzanweisungen für die Füße aufzufassen, das wäre freilich eine schöne Wissenschaft für sich, die uns nichts glauben machen will.

---

44 Nicole Loraux, »Solon et la voix de l'écrit«, in: *Les savoirs de l'écriture. En Grèce ancienne*, a.a.O., S. 116, vgl. auch Plut. Sol. 3, 5.

45 Friedrich Kittler, *Musik und Mathemathik* I, a.a.O., S. 90.

Abfälle

Die Zikaden sind das griechische Wappentier der Dichter, weil sie singen, ohne Nahrung zu bedürfen[46]

---

[46] Jesper Svenbro, *Ameisenwege. Figuren der Schrift und des Lesens in der griechischen Antike*, Graz 2000, S. 68.

»And the Gods Made Love«
Zum Tode von Cornelia Vismann

Friedrich Kittler

Berlin-Wilmersdorf; Freitag, 3. September 2010

Liebe Trauergemeinde,

Es waren Stunden reiner Freude, mit Cornelia zu denken. Heute stehen wir an ihrem Sarg.

Erlauben Sie, mit der Cornelia zu beginnen, über die ich nicht sprechen kann: über die Studentin, Anwältin und akademische Lehrerin, die Kranke und die Sterbende. Für Frau Professor Dr. jur. Vismann hat das Alexandra Kemmerers Nachruf schon viel schöner getan. Für Balthasar und Milena fehlen mir die Worte.

Denn Cornelia und ich haben uns zwar bei Vornamen gerufen, aber erst beim letzten Wiedersehen geduzt. So hoch war die Achtung voreinander. Und dennoch kann ich hier am Sarg, um meinen Dank und meine Trauer zu bekunden, als Zeuge eines großen Denkens sprechen.

Nämlich von Cornelia als Forscherin, Schreiberin und, um das Äußerste zu wagen, als Dichterin in dürftiger Zeit. Mir schweben vor vielen anderen zwei Szenen vor.

Das Buch *Vom Griechenland*, von Peter Gente und Heidi Paris liebevoll betreut, war und ist das einzige Buch, das ich zu zweit geschrieben habe. Wir saßen nicht an einem Schreibtisch und vor einem Monitor, sondern haben uns ganz spielerisch die Kapitel wie Bälle zugeworfen oder zugeschickt. Beim letzten Gespräch vor der Drucklegung schlug ich vor, unsere Namen nicht über die fünf Essays zu setzen, sondern sie als Rätsel den Lesern zu überlassen. Aber dafür war Cornelia damals, vor zehn Jahren, zu bescheiden. Sie hat dem Verlag eine kleine Notiz zukommen lassen.

Die zweite Szene spielte an einem strahlend schönen Nachmittag, als Cornelia mich in der Wohnung besuchte. Ich hatte eben einen Anruf aus Athen bekommen: Unser kleines Buch sollte ins Neugriechische übersetzt werden. Sie können sich denken, welches Glück das war. *Vom*

Griechenland würde nach Griechenland heimkehren dürfen – wie vormals Odysseus nach Ithaka. Wir sprachen über ein neues Vorwort, das jener griechische Freund von uns erbeten hatte, über Zeus und sein schönstes Kind, die Göttin der Liebe. Als Mimesis der Aphrodita wollten wir die Liebe Sterblicher umkreisen: in der Odyssee, bei Xenophon und anderen. So wirklich wörtlich, wie uns Hendrix sang:

»And the gods made love.« Aber es war Sommer, der Wein floß weiß und kühl. So kam dies Vorwort nie zustande. Es waren eben, mit Samuel Beckett gesprochen, happy days.

Was bleibt von diesem Glück? Heut am Tag des Abschieds?

Wir können es mit einem alten Wort ertasten: Es bleibt der Geist. Um ihm zu nahen, erinnere ich daran, daß Cornelia in Heideggers Freiburg Philosophie und Jurisprudenz studiert hat. Das war auch meine geistige Heimat gewesen, wo ich bei einem Freund Heideggers, dem großen Rechtshistoriker Erik Wolf, griechische Buchstaben von der Tafel abzuschreiben lernte. Doch selten sind zwei Studienfächer schöner vereint oder (besser gesagt) verfugt worden als im Werk von Cornelia Vismann. Das Recht verwandelt sich in Gedanken, die Philosophie in Rechtsgeschichte.

Man reibt sich immer wieder die Augen, wie klar die Dinge werden, wenn endlich auch das Andere der Wahrheit und das Andere des Rechts, nämlich Begehren und Liebe, in den Blick treten – genauer gesagt, in den Blick einer Frau.

Das dürfte Cornelia in Juristenfakultäten nicht eben beliebter gemacht haben. Aber erst aus dieser Freiheit gibt es wahrhaft Rechtsgeschichte, ja sogar (um Foucaults großes Wort aufzunehmen) eine Geschichte der Wahrheit. Von den Göttern und ihrem großen Schwur über die ungeschriebenen Satzungen der Tragödie und Solons Drehtafeln bis in unsere absehbare Zukunft...

Aber dieser Gedankenfülle, die Cornelias Habilitationsvortrag mit unnachahmlicher Eleganz »Das Schöne am Recht« genannt hat, wohnt auch ein Vermächtnis an uns Trauernde inne.

Wir sollen (erstens) den Begriff der Mediengeschichte nicht unbedacht im Mund führen, als ob er eine wissenschaftliche Mode wäre, die kommt und wieder geht, sondern nur in strengster Besinnung auf die Sachen. Cornelias Bestseller, ihr Taschenbuch über die »Akten«, legt von dieser Besonnenheit, der phronesis, beredtes Zeugnis ab. Von Medien des Rechts kann nur die Rede sein, wenn immer auch seine Realien und Materialitäten ins Spiel kommen. Den langen Weg von einem Kaiser, der in Palermo den modernen Staat und unser geheimes Deutschland begründet hat, bis zum allmächtigen Generalsekretär sozialistischer Staaten nachzeichnen zu wollen, heißt sehr viel handgreiflicher, von der Einfuhr des Papiers nach Europa bis zu den Bürokratenschreibtischen in Heiner Müllers Tragödien zu handeln. Mit anderen Worten: Seinen großen Bogen und seine bestrickende Leichtigkeit verdankt das Buch einer fast altmodischen Tugend. Cornelia Vismann war gelehrt.

Wir sollen (zweitens) weiterdenken. Kurz vorm Sterben sprach Cornelia über ihre Antrittsvorlesung. Sie wiederholte die These, daß der Staat erst mit der Schrift entstanden ist und mit ihr zugrundegeht: nämlich an der weltweiten Digitalisierung aller Daten, Akten, Bilder und Klänge. (Diesen Ursprung hat Oswald Spengler 1935 schon erkannt, aber klarerweise nicht das Ende.) Dem

Staat schlägt seine Todesstunde also jetzt. Wir müssen an Cornelias statt uns fragen: Was wird nun mit dem Recht, was mit der Wahrheit? Recht und Wahrheit sind eben leider nicht bloß Studienfächer.

Ich werde mich darum bemühen, weil Cornelia mich beim letzten Wiedersehen gebeten hat, zum zweiten Mal im Leben einen Buchtitel mit ihr zu teilen. Die Einzigartigkeit, daß wir »vom Griechenland« herkommen, überdauert auch den Tod.

Ich durfte ihr versprechen, »Das Schöne am Recht« herauszugeben und, falls es glückt, um einen eigenen Beitrag zu vermehren. Auch in diesem Vortrag, der ja eine Fakultät um die venia legendi et docendi, die altehrwürdige Erlaubnis zu forschen und zu lehren bat, hat Cornelia nicht gezögert, uns Professoren an ein schönes dunkles Spiel der Worte zu gemahnen: Lateinisch venia kommt von Venus.

So (um mit Sophokles zu enden)

»So stirbt auch das von Göttern, aber Götter nicht.«

Cornelia Severine Bianca Marquise de Lansiac et Vismann

Werner Hamacher

Berlin-Wilmersdorf; Freitag, 3. September 2010

Der Wunsch von Cornelia Vismann, dass zwei ihrer Freunde einige Worte bei ihrer Trauerfeier sprechen, war eines der Zeichen ihrer Freundschaft – und es wird, leider, das traurigste, leider das letzte Zeichen gewesen sein, das wir von ihr erhalten. Mir wäre es lieber gewesen, noch für viele Jahre weitere Zeichen dieser Freundschaft zu empfangen und zu beantworten; mir wäre es lieber gewesen, die kurze Vergangenheit, in der wir uns kannten, und die durch Krankheiten, institutionelle Blockaden und andere Lebensbehinderungen noch weiter vermindert worden ist, wäre länger geworden und hätte eine Zukunft gehabt, in der wir gemeinsame Pläne hätten realisieren und durch weitere hätten ergänzen können. Dennoch, sie sind nicht vorbei, diese kurzen Jahre, diese gemeinsamen Vorhaben und diese Freundschaft, sie werden auf eine andere als die geplante und eine andere als planbare Weise noch lange andauern. Aber eine Rede bei ihrer Trauerfeier zu halten, das fällt mir sehr schwer, und es fällt mir auch deshalb schwer, weil eine solche Rede den Eindruck erwecken kann – und zu erwecken vielleicht gar nicht vermeiden kann –, es sei damit vorbei und abgetan, während sie doch gerade sagen soll, dass es nicht vorbei ist, und während Cornelia Vismanns Wunsch, dass sie gehalten würde, besagte, es solle noch lang nicht vorbei sein. Er sagte, wenn ich diesen Wunsch recht deute, wir sollten sie hier bei uns festhalten, sie in Erinnerung behalten und es ihr so leichter machen, uns zu verlassen. Ihr und ihrem Sterben in uns sollten wir es leichter machen, und es damit uns selbst erleichtern, den Tod einer Freundin ertragen zu müssen. Und dieses Leichtermachen ist schwer.

Ich dachte, mir mit einer ungefähren Orientierung an den *oraisons funèbres* von Bossuet zu helfen, dem Hofprediger von Louis le Grand, der im 17. Jahrhundert die Trauerreden auf den Hochadel hielt – aber musste die Idee schnell fallen lassen, denn eine Prunkrede wäre schwerlich nach ihrem Geschmack gewesen, das Muster eines Protestanten-Fressers hätte sie vermutlich als unpassend empfunden und eine dreistündige Ansprache wäre ihr beschwerlich geworden –: und für *sie*, für Cornelia Vismann, sprechen wir ja hier, sprechen nicht so sehr *über* sie als vielmehr *für* sie und *zu* ihr: sie hört in uns mit, und nur weil sie mithört und also auf ihre Weise auch mitspricht, sprechen wir hier. Dennoch, ›Bossuet‹ wäre keine schlechte Idee gewesen, denn er hätte sich auf zumindest einen Aspekt dessen bezogen, was man ihren Familienroman nennen möchte. In ihm, den sie mit einer bewundernswerten Verve und ironischen Luzidität in die Öffentlichkeit trug, spielte sie die Rolle einer Aristokratin. *Severine Lansac* war nämlich das Pseudonym, unter dem sie in den frühen 80er Jahren bei den Berliner Autonomen aktiv war, und dieser Tarn- und Kampfname war dem der *Marquise Severine de Lansac* nachgebildet, die in Arthur Schnitzlers *Der Grüne Kakadu* am Tag des Bastillesturms zu den Revolutionären überläuft. Aber *Severine Lansac* war auch eine Wieder-Aufnahme des Namens der Maitresse und späten Gemahlin Friedrichs II, die *Bianca Lancia* hieß – und Cornelia Vismann nannte sich *Bianca Lanz* als Autorin von Rezensionen einer Frankfurter »Zeitung für Deutschland«, die mit den Autonomen, ohne es zu wissen, wahrscheinlich nur in diesem einzigen Fall gemeinsame Sache machte. Sie trat also als Marquise unter Revolutionären auf und als verkappte hochmittelalterliche Hochadlige in der »bürgerlichen« Presse – in beiden Fällen als Lanzen-Spitze einer Bewegung, die soziale und politische Schranken, ebenso unrealistische wie phantasielose Denk- und Lebens-Stereotypen durchstoßen und mit der nötigen Mischung aus Beharrlichkeit und List den damals so genannten bürgerlichen Apparat – tatsächlich nur einen Apparat von Verwaltungsbeamten und -angestellten – auseinandernehmen sollte.

Die Autonomen haben Häuser besetzt, *Cornelia Severine Bianca Marquise de Lansiac et Vismann* hat Namen und andere institutionelle Gehäuse besetzt, hat ihre sogenannten Archive vom Keller bis zum Dachboden durchforscht und die Berichte über ihre Architektur in eine Öffentlichkeit lanciert, die – ausnahmsweise – intelligent genug war, sie nicht nur aufmerksam, sondern mit Bewunderung aufzunehmen. *Akten*, ihr Buch über die Archivierungs-, Bergungs- und Verbergungs-Praktiken, Vergeschichtlichungs-, Umschichtungs- und Abschiebungs-Techniken des Rechts, ist, 10 Jahre nach seinem ersten Erscheinen, noch längst nicht *ad acta* gelegt, sondern weiterhin auf das energischste aktiv. Es ist, anders gesagt, sehr robust gebaut, dieses Buch: so nämlich – und damit geht das Namens-Besetzungs-Spiel weiter – wie ein Traktor der Marke *Lanz*. Die Marquise liebte nämlich Trecker, und Bianca Lanz war selbst fast ein solcher, auch lange nachdem sie ihren hochmittelalterlich-niedersächsischen Namen abgelegt hatte.

Sie hat ein hartes Leben geführt, das Leben in der Berliner Autonomen-Szene war keine Idylle; die Arbeit in Anwaltskanzleien nicht annähernd feudal; das Durchackern von Dokumentenbergen forderte eine eiserne Konstitution; den Aufenthalt in akademischen Institutionen – und sie war in einigen der renommiertesten angestellt oder zu Gast – verträgt eine Maschine besser als ein Mensch. Und eine Maschine war sie denn doch nicht. Sie empfand die Manieren, Ticks und Typen, die sich in diesen Institutionen ausbilden, als kränkend. Als wirklich krank machend. In einem späten Gespräch, im vergangenen Jahr, sie war schon sehr leidend, äußerte sie die Vermutung, ihre Erkrankung gehe auf das Konto der zahllosen Kränkungen, die sie in den universitären Milieus erfahren habe. Und man darf sich wohl, auch wenn man simplen Ätiologien misstraut, im Ernst fragen, was krebserregender gewesen sein könnte: der Truppenübungsplatz, in dessen Nähe sie einen Teil ihrer Kindheit und Jugend verbracht hat, oder die Universitäten, in denen sie sich während ihrer letzten Jahre aufhielt. Truppenübungsplätze und Universitäten und die Institutionen der Rechtswirtschaft und -wissenschaft – man sollte sich keine Illusionen machen –, sie mögen nicht nur in dieser Hinsicht in fataler Konkurrenz liegen.

Erinnerungen sind eine Weise, Gespräche mit denen fortzusetzen, die nicht mehr da sind. Es sind Ferngespräche über die Leitung von Ferngefühlen, Telepathien und, schlimmerenfalls, Telepathologien. Sie trösten über die Ferne oder die Abwesenheit hinweg, aber auch über das in

Gesprächen Versäumte, indem sie das Ungesagte aus den erinnerten Gesprächen ergänzen und die nicht zu Ende gebrachten weiterführen. Zu unserem Trost sprechen wir mit den Toten, und deshalb sprechen wir mit ihnen – manchmal über viele Jahre hinweg – auch über andere Tote und über den Tod und das Sterben. Da wir, günstigenfalls, diesen Gesprächen nicht die ›volle‹ so genannte ›Realität‹ zuerkennen, die wir in Gesprächen unter Anwesenden manchmal erreichen, gebrauchen wir einen Modus, den wir Irrealis nennen, und sagen: »sie hätte gesagt« oder »ich würde antworten« oder »wäre ich doch ... «. Ich erinnere mich an ein sehr kurzes Gespräch mit ihr über Blumen. Wir saßen, um unser Seminar »Deklinationen des römischen Rechts« zu planen, bei mir an einem Tisch, auf dem eine Vase mit, wie ich fand, bloß etwas *an*gewelkten, sie meinte aber, *ver*welkten Blumen stand. Sie sagte: »Die sind ja verwelkt. Können *Sie* das mit *an*sehen?« Sie hörte gar nicht auf meine Antwort – die seien doch schön so –, sondern fuhr, geradezu verschreckt, fort: »Ich kann das nicht sehen, ich kann das überhaupt nicht *ertragen.*« Also brachte ich den Strauß in ein anderes Zimmer und murrte dazu – wie in Klammern und zur Verteidigung der Blumen –: »Aber wir mögen doch immer nur das, was verwelkt.« Ich weiß nicht mehr, was dazu sonst noch zwischen uns gesagt worden ist, aber es war mit Sicherheit wenig und wahrscheinlich zu wenig. Und nun fühle ich mich ernsthaft versucht, dieses Gespräch mit ihr fortzusetzen und zur Verteidigung – nicht nur der Blumen – zu sagen, dass wir an allem, was wir mögen, nicht nur das Wohlgeformte, Geschliffene, das Brillante, Perfekte, die volle Blüte der vollen Gestalt mögen, sondern immer zugleich auch das, worin sie übergeht und vergeht, immer also auch das Andere, das in der scheinbar vollkommenen Form keinen Raum und keine Zeit findet, ohne das aber seine Form nur starr bleiben könnte, weil sie nicht dazu kommt, das Unvollkommene zu berühren, geschweige denn, es in sich einziehen zu lassen. Ich könnte mich, in diesem Fern-Gespräch im Irrealis, auf Bemerkungen von Aristoteles bis Kant und bis Freud, auf Sätze von Pindar und Jean Paul, auf Praktiken von indianischen Stämmen und von Malern und Komponisten der Moderne berufen, um plausibel zu machen, dass wir am Perfekten vor allem – und vielleicht sogar allein – seinen Übergang ins Imperfekte mögen, und dass das Schöne nur schön ist als Anfang von etwas, das wir so nicht mehr nennen und als solches nicht mehr empfinden können. Solange wir leben und um zu leben, so könnte ich sagen, können wir gar nicht anders, als das Verwelken, das Sterben, den Tod und die Toten zu mögen. Und ihr, die sich darin besser auskannte als ich, wären dazu vielleicht etliche Rituale und Rechtsbestimmungen eingefallen, durch die Bestattungsbräuche seit der Antike kanonisiert worden sind. Ich würde hinzusetzen, dass das »Schöne am Recht« – darüber hatte sie einiges zu sagen – vielleicht nur dann zum Vorschein kommen kann, wenn es als veränderbares, justierbares und sogar aufhebbares behandelt wird –: als ablegbares Schönes eines ablegbaren Rechts. Denn Recht ist stets Erzwingungsrecht, und das Schöne am Recht, das doch gewiß nicht im Zwang liegen kann, dürfte nur in der Lockerung seiner Gewalt und in dem sei's auch noch so allmählichen Verschwinden seiner Macht liegen. Aber im übrigen, so würde ich sagen – und deshalb führe ich dieses Gespräch im Irrealis nicht weiter – verstünde ich ihren Schrecken vor verwelkten Blumen nur zu gut. Wahrscheinlich sei er mir näher, als mir lieb ist. Der Tod von Freunden, von nahen und etwas ferneren Bekannten sogar, er nimmt mich einfach ungeheuer mit – anderswohin, wo ich nicht mehr ich selbst bin und wo nicht mehr ich es bin, der spricht. Und vielleicht würde sie dazu schweigen.

Aus den Gesprächen mit ihr erinnere ich mich an Momente, in denen sie, nachdem ich etwas gesagt hatte, einfach schwieg. Ich wusste nicht, ob sie erstaunt war und Zeit zum Nachdenken brauchte, oder dem, was ich gesagt hatte, nicht zustimmen wollte, ob sie keine Verbindung zu ihm herstellen konnte oder ob das ihre Art war, Widerspruch zu erheben. Ich weiß nur, dass ich mich damit nicht unwohl fühlte. Irgendwie empfand ich es immer als ein sympathisierendes, und sogar als konspiratives Schweigen. Es gab mir Gelegenheit, über das Gesagte nachzudenken, meine eigenen Vorbehalte dagegen deutlicher werden zu lassen, und manchmal den Anstoß, eine andere Erklärung zu versuchen. Ihr Schweigen hat, kurzum, das Gespräch erleichtert, weil es, gelassen wie es war, das Gefühl zuließ, es sei ein zustimmendes, das Gespräch nicht unterbrechendes, sondern wieder eröffnendes Schweigen. Ich vermute, dass es anderen in den Gesprächen mit ihr ähnlich ergangen ist – allen voran ihrer Familie und ihrer Herkunftsfamilie –: man konnte gut mit ihr sprechen, weil sie offen war und *outspoken*, und weil noch ihr Schweigen eine Ermutigung zum Reden war. Auch das ist nicht vorbei – und *das* vielleicht am wenigsten –, wenn auf die Zeiten der Fern-Gespräche langsam, und bei manchen von uns vielleicht sehr langsam, die Zeiten des Fern-Schweigens folgen. Das lässt sich nur von guten Freunden sagen.

Für Freunde, für diese Freundin, Cornelia Vismann, kenne ich kaum einen besseren Wunsch als den, der sich in einer Elegie von Tibull und auf römischen Grabinschriften findet: SIT TIBI TERRA LEVIS. Die Erde sei dir leicht. Leicht die Erde nicht nur den Toten, die sie bedecken und schützen wird; leicht soll sie auch uns sein, die Erde, die *wir* tragen, *zusammen* mit den Toten und ihren Reden, ihrem Schweigen und unseren Verlegenheiten.

Ich möchte – Sie merken es, denn ich zitiere unablässig Andere – nicht selbst schließen.

Cornelia hat immer wieder gefragt, was ich grade lese und was ich ihr zu lesen empfehlen kann: es waren meistens, aber nicht immer, theoretische Sachen, mehr alte als neuere. Sie hat sehr emphatisch auf einen Gedichtband von Jorie Graham reagiert, den ich übersetzt hatte – »Region der Unähnlichkeit« – und mir aus Rom über das Stück daraus geschrieben, in dem von dem römischen Frauengefängnis Rebibbia die Rede ist. Vor kurzem bin ich auf ein Gedicht, eine Art *lullaby blues* – von e.e. cummings – gestoßen, das sie vermutlich gemocht hätte. Es lautet, mit einer kleinen Veränderung im letzten Vers:

If you can't eat you got to

smoke and we aint got
nothing to smoke:come on kid

let's go to sleep
if you can't smoke you got to

Sing and we aint got

nothing to sing;come on kid
let's go to sleep

if you can't sing you got to
die and we aint got

Nothing to die,come on kid

let's go to sleep
if you can't die you got to

dream and we aint got
nothing to dream(come on kid

Let's go *and wake up now*)

Alle lieferbaren Merve-Titel
finden Sie im gut sortierten Buchhandel und
unter
www.merve.de

Wir senden Ihnen gerne
ein aktuelles Gesamtverzeichnis zu.

Nachricht an:

Merve Verlag, Crellestraße 22, 10827 Berlin

Tel.: +49-30-784 84 33

Fax: +49-30-788 10 74

merve@merve.de

genügt.